Tea Rose Garden

English and Hungarian

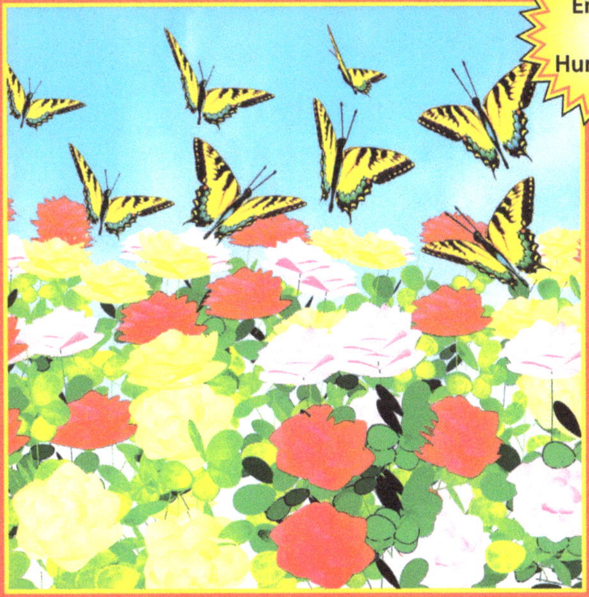

Written and illustrated
by Gabriella Eva Nagy

Halo
Publishing International

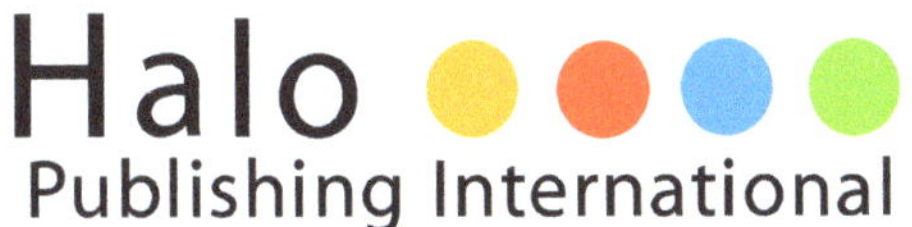

ISBN: 978-1-61244-353-9

Printed in the United States of America

Published by Halo Publishing International
1100 NW Loop 410
Suite 700 - 176
San Antonio, Texas 78213
Toll Free 1-877-705-9647
Website: www.halopublishing.com
E-mail: contact@halopublishing.com

My deep and sincere gratitude for God, for the
inspiration and the dream to come true,
and all my family and friends for their love,
support, and encouragements.

Come with me to the Tea Rose Garden, into the midst of sweet scented roses.

Meghívlak a Tearózsa-kertbe,
édesen illatozó rózsák közé.

Bees buzz restlessly, butterflies float tenderly,
and a peacock fans out his colorful feathers.

*Méhecskék döngenek szüntelen, pillangók siklanak lágyan,
és egy páva kitárja színes tollait.*

Pink flamingos bathe gracefully,

Rózsaszín flamingók fürdenek kecsesen,

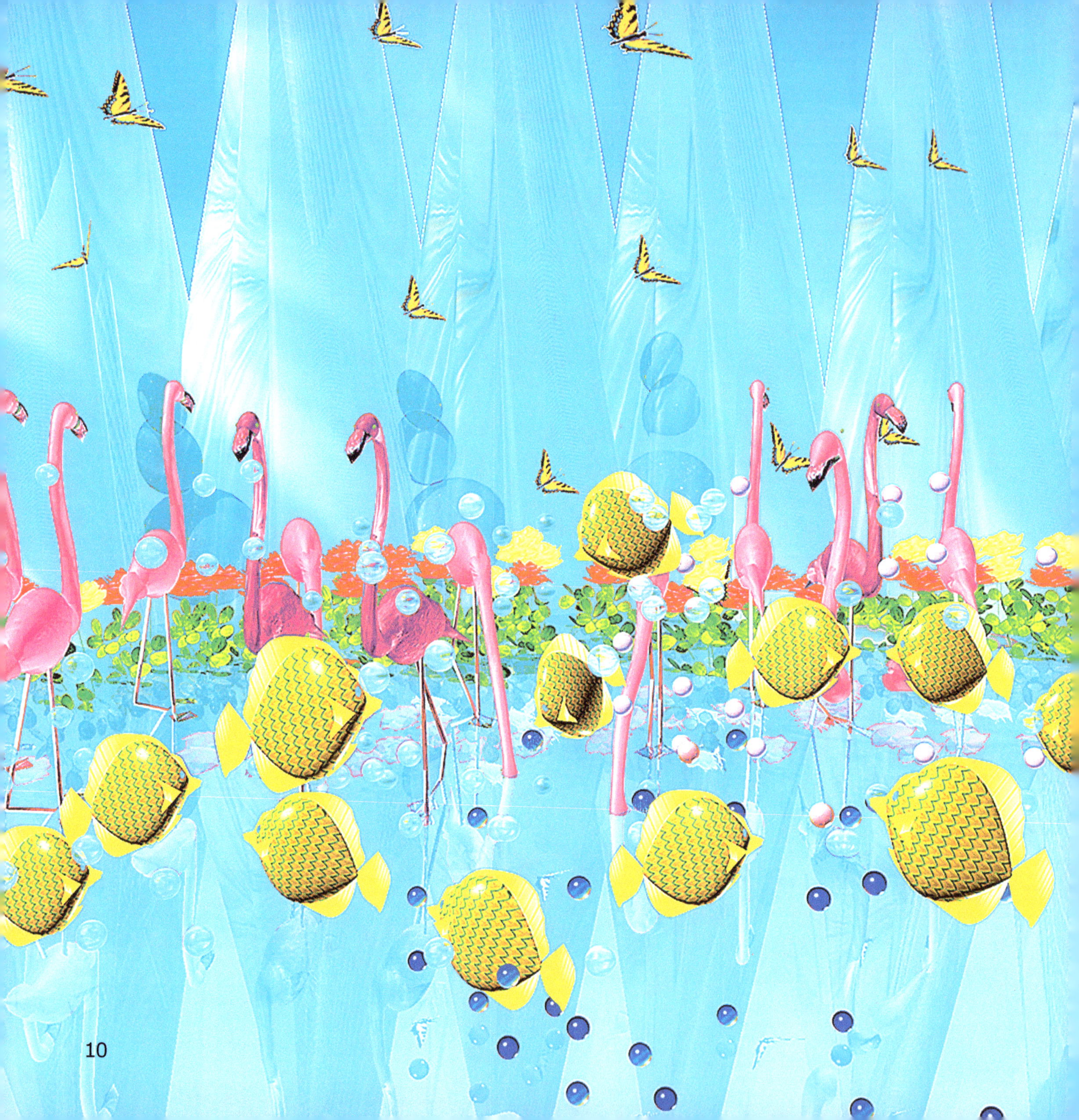

golden yellow fish play joyfully,

aranyszínű halacskák örömmel játszanak,

and a tiny hummingbird is flapping her wings rapidly as she drinks nectar.

és egy apró kolibri szárnyait gyorsan verdesve nektárt iszik.

A twelve-spotted ladybug rests on a velvety rose petal.

Egy 12 pettyes katicabogár selymes rózsaszirmon pihen.

A small garden snail finds shelter from the rain,

A kerti csiga menedékre talál a záporban,

and a cheerful upside-down rainbow
is smiling at us.

*és egy fordított szivárvány
kedvesen mosolyog ránk.*

The Tea Rose garden is mesmerizing,
and the sweet fragrance of roses
gently invites us in again and again.

*A Tearózsa-kert ámulatba ejt,
s édes rózsaillatával újra
és újra magához vonz.*

The end

Vége

www.ingramcontent.com/pod-product-compliance
Lightning Source LLC
LaVergne TN
LVHW071727230826
846093LV00024B/545

* 9 7 8 1 6 1 2 4 4 3 5 3 9 *